ULBRICH · KAPS **BALLENSTEDT**

BALLENSTEDT

Text
Bernd Gerhard Ulbrich

Fotos
Sebastian Kaps

Anhaltische Verlagsgesellschaft mbH Dessau
1995

Der Verlag dankt der Stadtverwaltung Ballenstedt
für die wertvolle Unterstützung bei der
Entstehung dieses Buches.

Titelfoto: Schloßpark Ballenstedt, Historische Wasserachse von P.J. Lenné

ISBN 3-910192-31-9
© 1995 Anhaltische Verlagsgesellschaft mbH Dessau
Printed in Germany
1. Auflage 1995
Text: Bernd Gerhard Ulbrich
Farbfotos: Sebastian Kaps
Gesamtgestaltung: Helmut Erfurth
Historische Lithos und Satz: Repro- und Satzstudio Kuinke
Farblithos und Druck: Cuno Druck Calbe

Stadt und Schloß Ballenstedt, Kupferstich aus Beckmann, 1710

Das an die Ausläufer des Ostharzes gelehnte Städtchen steht auf historischem Grund. Die fruchtbaren Böden, die holz- und wildreichen Wälder, eine freundliche Mutter Natur luden schon vor Jahrtausenden zur Seßhaftigkeit ein, ernährten Generationen unserer Vorfahren. Wie archäologische Funde belegen, reicht Ballenstedts Siedlungsgeschichte bis in die jüngere und mittlere Steinzeit zurück, wahrscheinlich noch weiter. Von näheren Zeiten wissen wir, daß der Ort zum ausgedehnten Reiche der Thüringer gehörte; wie sich denn auch sein Name von einem thüringischen Edlen Ballo herleitet, der hier einen befestigten Hof besaß: die von frühen Chronisten erwähnte, heute nicht mehr erhaltene Alte Burg. Später, nach Zerschlagung des Thüringerreiches durch die Franken im Jahre 531, lag Ballenstedt im Schwabengau des nordöstlichen Harzrandes. Seine erste urkundliche Erwähnung im Jahre 1030 ist dem einem schwäbischen Geschlechte entstammenden Esiko zu danken, der sich auch Graf von Ballenstedt nannte. Jener Esiko, Sohn des Adalbert und Bruder der Uta von Ballenstedt - der Stifterfigur im Naumburger Dom -, gründete im Jahre 1043 auf dem Ballenstedter Schloßberg ein Kollegiatstift, das wahrscheinlich 1046 im Beisein von Kaiser Heinrich III. eingeweiht wurde. Esikos Gebeine ruhen seit etwa 1059 in der Stiftskirche, die in der Folgezeit zur traditionellen Begräbnisstätte des Geschlechts Askanien-Anhalt wurde.
Otto der Reiche (um 1075-1123), Enkel Esikos und Gemahl der Eilika aus dem mächtigen Hause der Billunger, wandelte das Stift 1123 in ein Benediktinerkloster um und stattete es großzügig mit Besitzungen aus. Das Kloster stand unter direktem Schutz der römischen Päpste; Otto und seine Nachfolger blieben die Erbschutzvögte. Als Ersatz für die der Kirche überlassene Stammburg ließen Otto und sein Sohn Albrecht der Bär (um 1100-1170) auf dem nahen Hausberg über dem Selketal die Burg Anhalt errichten. In den Kriegen der Askanier und Welfen um den sächsischen Herzogtitel im

Siegel Albrechts des Bären (um 1100-1170)

Jahre 1140 zerstört, wurde die Burg bald in größerer Gestalt wiedererrichtet, um von der Macht und Größe des - sich nun nach ihr benennenden - Adelsgeschlechts zu künden. Albrecht der Bär, Markgraf der Nordmark, Krieger und Staatsmann, eine der Gründergestalten mitteldeutscher Geschichte, wurde in Ballenstedts Klosterkirche beigesetzt. Die Erbteilungen unter seinen Söhnen wie auch unter den Söhnen Heinrichs I. von Anhalt (um 1170-1252) schwächten die einst so mächtigen Askanier. Burg Anhalt verfiel seit dem 14. Jahrhundert und ist nur noch als Ruine erhalten. Ballenstedt kam an die Fürsten von Anhalt-Bernburg und lag, nachdem die Aschersleber Linie des Fürstenhauses erloschen (1315) und ihr Besitztum den Bischöfen von Halberstadt zugefallen war, im vom Hauptterritorium abgetrennten westlichen Teil des Fürstentums.
Georg II. von Anhalt (1454-1509) ließ 1485 das zeitweilig heruntergekommene Kloster wiederherstellen. Im Jahre 1525 wurde es von aufständischen Bauern erstürmt, geplündert und teilweise verwüstet. Von den Mönchen wohl auch unter dem Eindruck der Reformationsbewegung gänzlich aufgegeben, gelangte es wieder in den Besitz des Fürstenhauses. Fürst Wolfgang von Anhalt (1492-1566) gewährte der am Fuße des Klosterberges herangewachsenen, seit dem 11. Jahrhundert als Dorf oder Flecken do-

Fürst Wolfgang von Anhalt (1492-1566)

kumentierten Siedlung vermutlich im Jahre 1543 das Stadtrecht. Teile der alten Stadtmauer und die Türme von zwei Stadttoren sind erhalten. Für das Jahr 1544 wird erstmals eine in unmittelbarer Nachbarschaft zur Altstadt angelegte Neustadt erwähnt. Die imposante, das Bild der Altstadt noch heute prägende spätgotische St.Nikolaikirche wurde um 1500 auf den Trümmern ihrer niedergebrannten Vorgängerin errichtet und später mehrfach ausgebaut. Wappen über der Kirchentür und Grabstätten im Innenraum erinnern an die adligen Lehnsherren von Stammer und von Heiden, die den Neubau stifteten. Den Herren von Stammer gehörte auch der im Renaissancestil gehaltene wuchtige Oberhof aus dem späten 15. Jahrhundert. Der in jüngster Zeit renovierte schöne Fachwerkbau des Alten Rathauses geht auf das Jahr 1683 zurück. Wappen und Inschrift über dem Eingang sind Stadtgründer Fürst Wolfgang, dem bedeutenden Mitstreiter Martin Luthers, gewidmet: „von gots gnade wolfgang fürst zv anhald graf zv ascanien v. her zu bernbvrg 1551". Das Wappen stammt vom ehemaligen Obertor und wurde nach dessen Abbruch über dem Eingang des Alten Rathauses angebracht. Ebenfalls aus dem späten 17. Jahrhundert stammt das markante Herrenhaus in der Burgstraße.

Herzogliches Schloß, Lithographie von R. Geissler, nach 1863

Eine andere herausragende Gestalt der frühen Stadtgeschichte ist der lutherische Geistliche Johann Arndt (1555-1621). Der aus Edderitz bei Köthen gebürtige Pfarrerssohn wuchs in Ballenstedt auf und wirkte hier wie auch im benachbarten Badeborn eine Reihe von Jahren. Nach Auseinandersetzungen mit der zum reformierten Bekenntnis übergetretenen Obrigkeit ging er 1590 außer Landes. Durch seine zum lebendigen, wahrhaftigen Christentum aufrufenden und Mißstände im kirchlichen Leben anprangernden Schriften („Vier Bücher vom wahren Christentum", „Paradiesgärtlein aller christlichen Tugenden") wurde er einer der folgenreichsten, noch heute gelesenen religiösen Schriftsteller.

In den Zeiten des Dreißigjährigen Krieges wurden Schloß und Stadt Ballenstedt mehrfach von Truppen besetzt und geplündert; die damals wütende Pest brachte zusätzliches Leid. Die Chronisten berichten aber auch von mutigen und erfolgreichen Verteidigungskämpfen der Einwohner: „Hergegen sein", so Johann Christoph Beckmann (1710), „A. 1640 zwei Kais. Regimenter hiervor gekommen/ des Vorhabens den Ohrt zu plündern/ wowieder sich aber die Einwohner so mannlich gewehret/ daß sie mit Hinterlassung etlicher 50. Mann sich zurücke ziehen müssen; und als sie A. 1641. zum

IOHANNES ARNDT,
Ballenstedensis,

Pastor primum Ballenstadensis et Padebornensis deinde Quedlinburgensis Brunsvicensis Isleburgensis ac demque Ducatus Lunaburgensis Superintendens Generalis

Nat. Anno 1555 Die 27. Dec. D. Iohannis Evang. Den. Anno 1621 Maji. B. Vird. Aet. C.
Ex Collectione Friderici Roth – Scholtzii Norembergici.

Schauspielhaus und Umgebung, Lithographie von R. Geissler, nach 1863

andern mahle angekommen/ und das Vieh weg getrieben/ haben ihnen die Einwohner gleichfalls nachgesetzet/ daß sie abermahl acht Todten hinter sich lassen müssen." Christian II. von Anhalt-Bernburg (1599-1656) lebte in jenen Leidensjahren zeitweilig im wiederhergestellten Schloß Ballenstedt, siedelte nach dem Tode seines berühmten Vaters Christian I. (1568-1630) zur Regierungsübernahme aber nach Bernburg über. Auch spätere Bernburger Fürsten weilten, nicht zuletzt der wildreichen Harzwälder wegen, gern auf dem Schlosse. Fürst Viktor Amadeus (1634-1718), Sohn Christians II., ließ zu Beginn des 18. Jahrhunderts Stadt und Schloß durch eine Allee verbinden, die sich im Laufe der Zeit zur zentralen Achse des Ortes entwickelte. Unter Fürst Viktor Friedrich (1700-1765) wurde 1748 die auf den Grundmauern der alten Klosterkirche errichtete neue Schloßkirche eingeweiht. Der als Liebhaber der Parforcejagd bekannte Fürst ließ in Schloßnähe auch ein großes Jagd- und Zeughaus erbauen (1733), das später als „Großer Gasthof" diente, vielen Harzreisenden Quartier bot und nach Jahren des Verfalls nun wiederhergestellt werden soll. Nicht zuletzt waren Viktor Friedrich auch viele, ob ihrer Qualität einst hochgelobte Harzstraßen zu danken.

Villa Ziegenberg und Wilhelmsburg, Lithographie von R. Geisler, nach 1863

Ballenstedts kulturelle Blütezeit begann unter der Regierung von Friedrich Albrecht von Anhalt-Bernburg (1735-1796). Im Jahre 1765 zur ständigen Residenz erhoben, erwachte das kleine Städtchen der Ackerbürger und Handwerker bald zu pulsierendem Leben. Der Fürstenhof zog Behörden und Ämter in die Stadt, neue Verkehrswege entstanden, das Schloßensemble erhielt allmählich seine heutige Gestalt: Ab 1766 wurde der Südflügel umgebaut. 1779 entstand ein großes Brauhaus für das berühmte Ballenstedter Lagerbier, 1787 die Reitbahn, 1788 das klassizistische Theatergebäude gleich unterhalb des Schlosses. Orangerien und Gemüsegärten wurden angelegt, ebenso die Schloßmühle (Fachwerkbau von 1785) und das Jagdschlösschen auf dem Röhrkopf (1770). Ballenstedt wuchs in zuvor nicht gekanntem Maße: Hatte es im frühen 18. Jahrhunderts etwa 1300 Einwohner, so waren es ein Jahrhundert später schon 2500, zu Beginn des 20. Jahrhunderts dann etwa 5500. Fürst Friedrich Albrecht ließ auch die Eisenhütten im nahen Mägdesprung ausbauen und modernisieren. In den ersten Jahrzehnten des 19. Jahrhunderts zählten sie zu den führenden Hüttenbetrieben der Region. Die reiche Tradition des Mägdesprunger Eisengusses hat sich bis heute erhalten. Unter Herzog Alexius Friedrich Christian (1767-1834) wurde der Umbau des Schlos-

Großer Gegenstein, Lithographie von R. Geissler, nach 1863

ses vollendet (Nordflügel 1809/10, Marstallgebäude und Vorwerk). Der unternehmerische Herzog betrieb auch den Ausbau der Heilquellen in Ballenstedts Umgebung (Alexisbad, Mägdesprung, Gernrode, Bad Suderode) und machte die Region zu einem vielbesuchten Zentrum der Wasserheilkunst. Im von Karl Friedrich Schinkel erbauten „Schweizerhaus" in Alexisbad (1945 zerstört) weilte der Hofstaat regelmäßig in den Sommermonaten. In Ballenstedt geboren und aufgewachsen ist auch Pauline, Prinzessin von Anhalt-Bernburg (1769-1820), die Schwester von Herzog Alexius. Die kluge, für Literatur und Musen, aber auch für große Politik begabte Frau wurde 1795 Fürstin von Lippe-Detmold. Nach dem Tode ihres Gemahls bestimmte sie als Regentin lange Jahre weitsichtig die Geschicke ihres Ländchens.

gemalt von E. Valentini in Detmold.   lithogr. in Cassel b. Nahl u. Rausch.

Pauline,
Fürstinn zur Lippe-Detmold,
geborne Prinzessinn von Anhalt-Bernburg.

geb. d. 23ten Febr. 1769. gest. d. 29ten Dez. 1820.

Schloßpark, Wasserachse von P.J. Lenné, Lithographie von R. Geissler, nach 1863

Die freundliche, reizvoll gelegene Ballenstedter Schloßanlage fand damals viele Bewunderer. Der anhaltische Dichter Gottlieb Hiller pries sie zu Beginn des 19. Jahrhunderts überschwänglich:

> „...O kommt doch ihr klagenden Stimmen,
> Es wird auch der Unmut verschwimmen
> Auf Ballenstedts schweizrischen Höhn.
> Hier könnt ihr das freundliche Eden,
> Dies Urweltsgebilde der Meden
> Nach Miltonschem Umriß noch sehn..."

Eine besondere Attraktion war der mit seltenen Bäumen und Sträuchern bepflanzte, harmonisch in den angrenzenden Wald übergehende Schloßpark. Nach Plänen von Peter Joseph Lenné ab 1858 als Terrassengarten und Landschaftspark neu gestaltet, reich mit Wasserspielen, Bauten und Skulpturen versehen, wurde er ein Kleinod gärtnerischer Kunst. Umfangreiche Restaurierungsarbeiten lassen den zum Ende des 2. Weltkrieges stark zerstörten und lange vernachlässigten Park allmählich wieder in früherer Schönheit erstehen.

Schloß Ballenstedt, Ansicht von Süd-Westen, Stahlstich von Rohbock, um 1860

Mit dem Fürstenhof kamen auch die Künste und Wissenschaften nach Ballenstedt. Bedeutende kulturelle Impulse strahlten von hier auf den ganzen mitteldeutschen Raum aus. Gotthelf Wilhelm Christoph Starke (1762-1830), seit 1799 Hofprediger, wurde durch seine das bürgerliche Leben der Zeit gemütvoll beschreibenden „Gemälde aus dem häuslichen Leben" als Volksschriftsteller weithin bekannt. Unter Starke wurde auch die Vereinigung der lutherischen und reformierten Konfessionen in der evangelischen Landeskirche herbeigeführt. Sein Grab auf dem städtischen Friedhof ist erhalten. Friedrich Hoffmann (1796-1874), ebenfalls Ballenstedter Hofprediger, trat mit Fabeln, Jugendbüchern und regionalgeschichtlichen Arbeiten hervor. Franz Ludwig Georg Freisleben (1781-1835), Dichter, Schauspieler und Uhrmacher, schrieb bekannte Dramen und nachdenkliche Verse wie die folgenden:

> „Was härmet und grämet ihr Menschen euch doch!
> Es lebt ja der Schöpfer, der Gütige, noch.
> Blickt um euch, es zeigt euch des Göttlichen Spur
> Die Alles belebende Mutter Natur..."

Schloß Ballenstedt, Holzstich von O. Günther-Naumburg, um 1895

Auch der aus dem erst 1950 eingemeindeten Ortsteil Opperode, einem traditionsreichen Steinkohlenrevier, stammende Johann Christoph Heise (1761-1834) wußte den humanistischen Idealen seines Zeitalters wohlklingenden Ausdruck zu verleihen:

„Lasset uns die Bahn der Tugend wandeln,
auch im Sturm der Zeiten redlich handeln,
wo die Pflicht zum Würken uns gebeut.
Häuslichkeit und jede stille Tugend
schmücke schön das Alter wie die Jugend,
sey der Trost in jedem Druck der Zeit."

Der gebürtige Ballenstedter Emanuel Follenius (1773-1809) schrieb eine Fortsetzung zu Friedrich Schillers „Geistersehern" sowie galante Unterhaltungsromane im Geschmacke der Zeit. Christian Friedrich Gille (1805-1899), Sohn eines herzoglichen Gardisten, und die Beamtentochter Marie Wilhelmine Starke (1860-1912) wurden bekannte Landschaftsmaler. Der Musikersohn Adolf Zeising (1810-1876) war 1848 ein Vorkämpfer demokratischer Wandlungen und wirkte später als Literat und Ästhetiker in München. Georg Curtze (1789-1846), Leibarzt von Herzog Alexius, schrieb gelehrte

Schloß Ballenstedt, Ansicht von Westen, Stahlstich von C. Warren, um 1860

Abhandlungen über die Heilquellen des Harzes. Sein Sohn Maximilian (1837-1903) verfaßte bedeutende Werke zur Mathematikgeschichte. Für Anhalts Schulgeschichte so wichtige Pädagogen wie David Gottfried Herzog (1769-1850), Gymnasialdirektor in Bernburg, und Edmund Blume (1848-1917), langjähriger Leiter des Köthener Landesseminars, stammten aus Ballenstedt.

Zu einer vielgeschätzten Stätte der Musen entwickelte sich das Hoftheater. Reisende Schauspielergesellschaften gastierten hier regelmäßig mit ihrem Repertoir. Die herzogliche Hofkapelle gab unter Leitung von Johann Konrad Kreibe (1722-1788) oder Viktor Klauß (1805-1881) gefeierte Konzerte, begleitete viele gelungene Opern- und Operettenabende. Am 28. Januar 1846 dirigierte Albert Lortzing in Ballenstedt seine Märchenoper „Undine". Im Juni 1852 sorgte das 3. Anhalt-bernburgische Musikfest nachhaltig für Aufsehen: Unter der Gesamtleitung von Franz Liszt wurden Werke von Beethoven, Berlioz, Mendelssohn-Bartholdy, Liszt und vor allem des umstrittenen Richard Wagner aufgeführt. Musiker aus ganz Mitteldeutschland waren dafür zu einem beeindruckenden Ensemble vereint worden. Für den Siegeszug der Wagnerschen Richtung war das Musikfest einer der wichtigen Meilensteine. Heute finden in den re-

Schloß Ballenstedt, Stahlstich von H. Grape, um 1850

staurierten Räumen des Hoftheaters wiederum vielbeachtete Konzerte und Theateraufführungen statt.
Ein herausragende Rolle in der Stadtgeschichte kommt auch dem Maler und Literaten Wilhelm von Kügelgen (1802-1867) zu. Kügelgen wurde hier 1833 Hofmaler; später war er auch Kammerherr des in Geisteskrankheit dahinsiechenden letzten Herzogs Alexander Carl (1805-1863). Er schuf zahlreiche Porträts von adligen und bürgerlichen Zeitgenossen.Vor allem aber hinterließ er die vielgelesenen „Jugenderinnerungen eines alten Mannes" und die „Lebenserinnerungen des Alten Mannes", in denen er das Schicksal seiner Künstlerfamilie und viele historische Begebenheiten mit großem, nachdenklichem Erzähltalent festhielt. Das Kügelgenhaus, die Familiengrabstätte auf dem Friedhof und das Kügelgen-Zimmer im städtischen Museum waren und sind Anziehungspunkte für zahlreiche Besucher.
Mit Wilhelm von Kügelgen befreundet waren die aus Ballenstedt gebürtigen und gegen Lebensende in die Vaterstadt zurückgekehrten Schwestern Bardua. Caroline Bardua (1781-1864), die gefragte Porträtmalerin der Biedermeierzeit, schuf unter anderem Abbildungen von Goethe, Caspar David Friedrich und Johanna Schopenhauer. Wilhel-

Wilhelm v. Kügelgen (1802-1867) und Gemahlin Julie, Selbstbildnis in Öl, um 1837

Caroline Bardua (1781-1864)

mine Bardua (1798-1865) hielt das stationsreiche Leben der Schwestern literarisch fest. Eine Gedenktafel an ihrem letzten Wohnsitz unterhalb des Schlosses erinnert heute an diese bemerkenswerten Frauengestalten.

Segensreich für das kleine Land war die Tätigkeit des aus dem westpreußischen Clausdorf stammenden Forstrats Maximilian Theodor von Schaetzell (1804-1879). Im Jahre 1851 zum Anhalt-bernburgischen Staatsminister ernannt, reformierte er die desolate Staatsverwaltung nach preußischem Muster. Seine Wirtschaftsprogramme schufen die Basis für einen allgemeinen ökonomischen Aufschwung im Herzogtum. Schaetzell starb am 31. Oktober 1879 in Ballenstedt.

Im Jahre 1863, nach dem Tode von Herzog Alexander Carl, fiel Anhalt-Bernburg an die Dessauer Linie des Fürstenhauses. Im wiedervereinigten Herzogtum Anhalt war Ballenstedt Kreisstadt. Alexander Carls Gemahlin und Mitregentin, die um die politischen, sozialen und kulturellen Geschicke von Ballenstedt verdiente Herzogin Friederike (1811-1902), nahm auf dem Schloß wie auch im „Schweizerhaus" zu Alexisbad ihren Witwensitz. Aus der ständigen Residenz Ballenstedt wurde ein beliebter Sommeraufenthalt von Mitgliedern des anhaltischen Herrscherhauses. Herzog Friedrich I.

Maximilian Theodor von Schaetzell (1804-1879)

(1831- 1904) residierte hier in seinen letzten Lebensjahren. Auch Anhalts letzter Landesherr Joachim Ernst (1901-1947) wählte nach seiner Abdankung im Jahre 1918 Schloß Ballenstedt zu seinem Wohnsitz. Hier wurde auch Prinz Eduard von Anhalt, das jetzige Oberhaupt des Hauses Askanien-Anhalt, geboren.

Abseits der Hauptverkehrsadern gelegen, hat Ballenstedt bis ins 20.Jahrhundert hinein seinen idyllischen Charakter bewahren können. Was Wilhelmine Bardua einst über die Heimatstadt schrieb, hatte auch zwei oder drei Generationen später noch Gültigkeit: „Wenn im Frühjahr die Natur erwacht, ist das kleine Ballenstedt ein wahres Paradies. Mancher schon, der aus dem Gedränge der Welt sich hierher geflüchtet, hat den wohltuenden Frieden des anmuthigen Ortes empfunden und sich schwer wieder davon getrennt... Aber nur wer nichts in der Welt zu suchen hat, wer mit Gott und der Natur in einem gleichförmigen Stilleben sich begnügen kann, wird sich in dieser lieblichen Einsiedelei zufrieden fühlen. Denn stiller ist es an keinem Ort der Welt als in Ballenstedt." Die Stadt wurde bevorzugte Wohnstätte wohlhabender Pensionäre aus Kreisen des Adels, der Beamtenschaft und des Militärs. Auch Künstler und Literaten wie die Schriftstellerinnen Emilie von Warburg (1833-1907) und Lili von Hackewitz (1857-

Großer Ziegenberg, Nationalpolitische Bildungsanstalt Anhalt, Luftbildaufnahme aus dem Jahre 1941

1924) verbrachten hier ihren Lebensabend. Kureinrichtungen und Heilanstalten prägten das städtische Leben. Die höhere Schule der Professoren Brinckmeier und Wolterstorff hatte in der Region einen guten Ruf. Aus jener Epoche des bürgerlichen Wohlstandes stammt das Neue Rathaus, das, Formen der Renaissance und des Barock verarbeitend, in den Jahren 1905-06 nach Entwürfen von Alfred Messel erbaut wurde.
Die Weltkriege unseres Jahrhunderts und ihre Folgewirkungen warfen die Stadt in ihrer Entwicklung weit zurück. Viele Ballenstedter starben auf den Schlachtfeldern, in Lagern, an Hunger und Krankheit. Die Revolutionszeiten von 1918 brachten das Ende des selbständigen Herzogtums Anhalt. Ballenstedt gehörte nun zum 1919 gegründeten Freistaat Anhalt. Als die Nationalsozialisten die Macht übernommen hatten, etablierten sie hier ab 1934 eine Nationalpolitische Bildungsanstalt (Napobi, später Nationalpolitische Bildungsanstalt Anhalt, Napola) zur doktrinären Erziehung der Jugend. Noch in den letzten Kriegstagen fanden junge Napola-Schüler in sinnlosen Kampfhandlungen den Tod. Bei Angriffen amerikanischer Truppen am 18. April 1945 kamen 34 Menschen ums Leben, wurden 364 Häuser beschädigt, davon 80 schwer. Die an jenem 18. April in die Stadt einmarschierten Amerikaner wurden am 1.Juli 1945 durch sowjeti-

sche Militäradministration ersetzt. Es kam zur Demontage der Produktionsbetriebe, zu Enteignungen, Plünderungen, Vergewaltigungen, Terrorurtei- len. Anhalts letzter Herzog Joachim Ernst starb im als Straflager genutzten ehemaligen KZ Buchenwald. Im Ballenstedter Schloß wurden die wertvollen Inneneinrichtungen und Sammlungen (Gemälde, Kupferstiche, Münzen und Mineralien) vernichtet.

Nach Kriegsende begannen die Ballenstedter den Neuaufbau ihres Gemeinwesens, der freilich bald in undemokratische politische und ideologische Formen gepreßt wurde. Der Landkreis Ballenstedt gehörte zunächst zur Provinz bzw. zum Land Sachsen-Anhalt; nach Gründung der DDR wurde er im Zuge der Kreisreform von 1950 aufgelöst. Die Stadt selbst wurde dem neugebildeten Großkreis Quedlinburg zugeordnet. Die Verwaltungsreform des Jahres 1952 führte dann zur Auflösung der Länder und zu ihrer Neugliederung in Bezirke. Bis zum Ende der DDR gehörte Ballenstedt zum Kreis Quedlinburg des Bezirkes Halle. Erholungsheime und Heilstätten zogen wieder viele Gäste in die Stadt. Das Heimatmuseum und die Stadtbibliothek mit ihren zum Teil sehr kostbaren Schätzen wurden gefragte Adressen des wissenschaftlichen und kulturellen Lebens. Die im Schloß untergebrachte Forstfachschule (1949-1991), das 1952 gegründete Institut für Lehrerbildung - aus dem 1972 die Pädagogische Schule für Kindergärtnerinnen hervorging -, die Medizinische Fachschule (1952-1963), die GST-Schule für Kraftfahrzeug-Ausbildung, die in den Gebäudekomplex der Napobi auf dem Ziegenberg eingezogene SED-Parteischule sorgten für Ballenstedts Ruf als Schulstadt von überregionaler Bedeutung. Kleinere und mittlere Industriebetriebe (Maschinenbau, Holzverarbeitung, Hydraulik, Gummiindustrie, Meß- und Regeltechnik, Obstproduktion) profilierten sich und prägten zunehmend das städtische Leben. In DDR-Zeiten verstaatlicht, wurden sie nunmehr in private Hand zurückgegeben, zum Teil auch, um den Preis hoher Arbeitslosigkeit, gänzlich geschlossen.

Heute gehört Ballenstedt zum Landkreis Quedlinburg des Landes Sachsen-Anhalt. Die etwa 8500 Einwohner zählende, mit den traditionsreichen Gemeinden Badeborn und Radisleben eine Verwaltungsgemeinschaft bildende Stadt soll weiter wachsen. Allerorten wird saniert, repariert, neu aufgebaut. Ein Gewerbegebiet entsteht; in der Innenstadt werden sich wieder Handwerksbetriebe niederlassen. Die nach 1991 gegründete Berufsbildende Schule Quedlinburg mit ihren Fachbereichen Sozialpädagogik und Sozialpflege und die Fachschule für öffentliche Verwaltung und Rechtspflege des Landes Sachsen-Anhalt, Fachbereich Steuerverwaltung, wollen an Ballenstedts beste Schultraditionen anknüpfen. Hotels und Restaurants, eine geplante Konzert- und Kongreßhalle, viele Sport- und Freizeitstätten sollen die Stadt dem Tourismus und Fremdenverkehr öffnen.

Ballenstedt, Tor zum reizvollen Ostharz, kulturgeschichtlich reiche Station an der Straße der Romanik, Partnerstadt von Kronberg/Taunus - in der Tat lädt es zum Besuch und zum Verweilen ein. Die nähere Umgebung bietet Sehenswürdigkeiten in Menge: Die majestätischen Gegensteine, in denen einer alten Sage zufolge der Teufel über einen Goldschatz wacht; die Burgruine Anhalt und in unmittelbarer Nachbarschaft die alte Selkemühle; das in neugotischem Stil gehaltene Jagdschloß Meiseberg; die

Schloß und Park Ballenstedt, Luftbildaufnahme, 1995

bis ins 12. Jahrhundert zurückreichende malerische Burg Falkenstein; die nordwestlich gelegene Roseburg mit ihren gepflegten Parkanlagen. Und natürlich hat Ballenstedt selbst seinen eigenen Charme. Ökologisches und soziales Augenmaß vorausgesetzt, könnte die Stadt wieder zu einem kulturellen Kleinod werden. Wie schrieb Hofprediger Friedrich Hoffmann schon vor anderthalb Jahrhunderten: „Es giebt gewisse Städte und Städtchen im lieben deutschen Lande, von denen man nicht sagen kann, daß ihreLage zu der schönsten gehöre; so viel aber ist gewiß, daß es eben Allen, die sie besuchen, ungemein wohl wird in ihren Mauern, und daß sie sehr gern in ihren Umgebungen verweilen. Sie haben etwas Anziehendes und Freundliches, diese Städte, sie blenden nicht durch die Pracht ihrer Lage, oder Bauart, aber sie fesseln allmählig das Auge und das Herz durch das Liebliche ihrer Umgebungen. Wer erinnerte sich hiebei nicht...unseres Ballenstedt?"

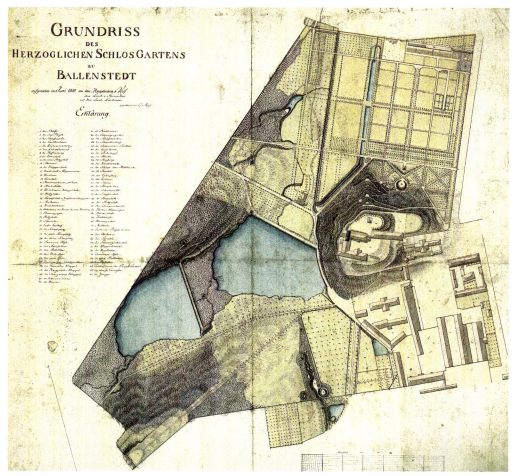

Grundriß des Herzoglichen Schloßgartens, Zeichnung von C.v. Voß, 1810

Schloß Ballenstedt, Ansicht von Süden, Kupferstich von H. Mittag, 1818

Fürst Friedrich Albrecht von Anhalt-Bernburg (1735-1796), S.26

Schloßplatz, Lithographie von C. Harding, um 1830

Herzog Alexius Friedrich Christian von Anhalt-Bernburg (1767-1834), S.28

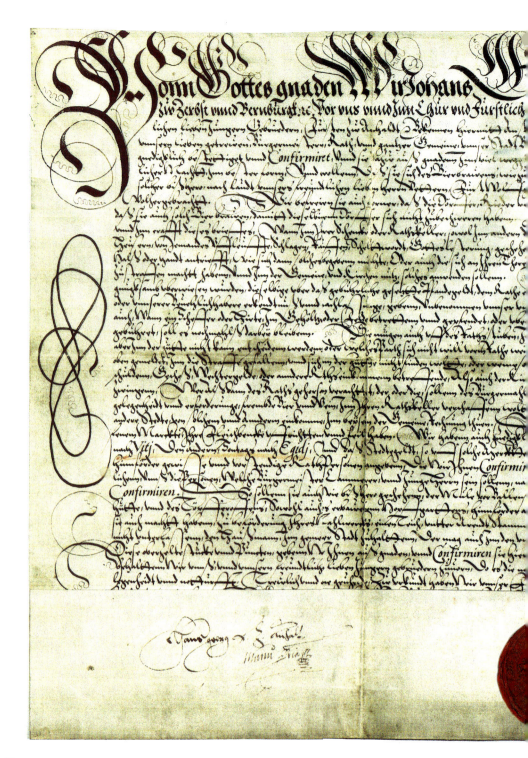

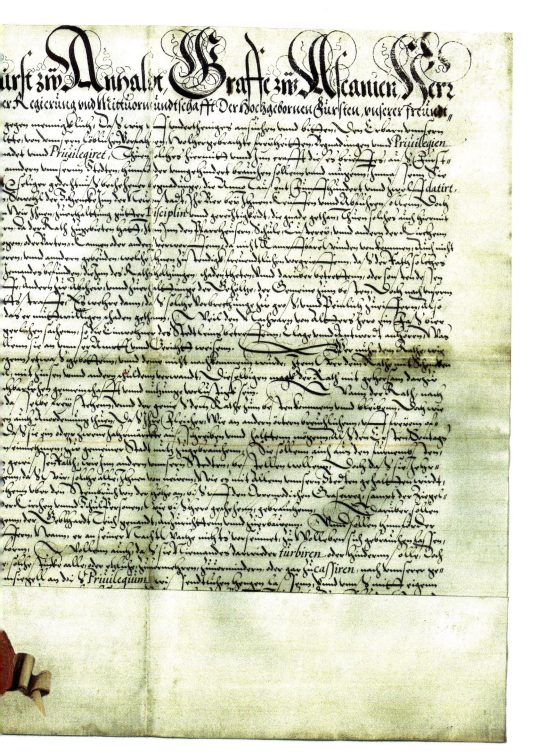

„Auf dem Nicolaikirchplatze", Kreidezeichnung von O.v.Rechenberg, 1926

Urkunde Stadtprivileg von 1590, S.30/31

Wilhelm von Kügelgen, Gemälde „Selbstbildnis, Rom 1826", S.32

Herzogin Friederike von Anhalt-Bernburg (1811-1902), Gemälde von Caroline Bardua, nach 1840, S.33

„Lange Straße", Kreidezeichnung von O.v. Rechenberg, 1932

„Kügelgenstraße", Kreidezeichnung von F. Besser, 1938

Kutschweg ins Amtmannstal

Schloß, Ansicht von Westen

Schloß, Auffahrt mit Kirchflügel

Schloß, Südflügel, Haupttreppe

Schloß, Südflügel, Detail im Treppenhaus

Schloß, Weißer Saal im Südflügel

Schloß, Römerzimmer im Südflügel

Durchgang zur Nikolai-Kapelle und zum Schloßturm

Grablege Albrechts d. Bären im Schloß

Portal zum Schloßensemble

Neorenaissance-Erker (1881) am Nord-Ost-Flügel des Schlosses

Schloßpark, Lindwurmbecken, Lindwurm aus Zinkguß nach einem 1862 in Mägdesprung gegossenem Modell von H. Kureck

Schloßpark, Wasserachse mit Kaskaden- und Kreuzbecken

Schloßpark, Partie am Ententeich

Schloßpark, Schlangenhenkelvase am Kreuzbecken, Eisenkunstguß

Schloßtheater, ältestes Theater Anhalts, erbaut 1788

Schloßtheater, Innenansicht

Städtisches Heimatmuseum

Städtisches Heimatmuseum, Kügelgenzimmer, Gedenkraum für den Hofmaler und Kammerherren Wilhelm v. Kügelgen (1802-1867)

Blick vom Schloßberg auf das Museum

Trift mit Sichtbeziehung zum Gegenstein

Die Allee, der Boulevard der Stadt, eine der schönsten innerstädtischen Alleen in Sachsen-Anhalt

Sparkasse Ballenstedt, 1908 erbaut

Rathaus, nach dem Entwurf des Berliner Architekten Alfred Messel 1906 errichtet. Der künstlerische Schmuck an der Fassade stammt von Georg Wrba.

Kirchhofplatz mit Blick auf den Rathausturm

Oberhof, Taubenturm

Oberhof, ehemaliger Adelssitz der Familie v. Stammer, 1490 erbaut, heute Nutzung als Kindertagesstätte

Badstuben, Blick auf den Marktturm

Spätgotische Pfarrkirche St. Nikolai, erbaut 1326

Altes Rathaus am Alten Markt, schlichter zweigeschossiger Fachwerkbau aus dem Jahre 1683

Marktturm am Alten Markt

Lange Straße mit Unterturm, ehemaliger Torturm aus der 1. Hälfte des 16. Jahrhunderts

Breite Straße mit Oberturm, Teil der ehemaligen Stadtbefestigung

Westbahnhof, 1887 erbaut

Lokschuppen Ost-Bahnhof

Ortsteil Opperode, Kirchplatz mit Dorfkirche „St. Petrus", 1892 erbaut

Ortsteil Opperode, Schimmelgasse

Ballenstedt, Ortsteil Opperode, Bismarckturm, 1931 vollendet

Blick vom Bismarckturm auf die Stadt

Städtisches Badehaus, 1907 erbaut, nach einem Entwurf des Architekten Klinke (Bad Harzburg)

Katholische Kirche St. Elisabeth, 1931 erbaut (Schnitterkirche)
Der Entwurf stammt von dem Magdeburger Architekten Arnold,
Plastik von Franz Gutmann, Freiburg i.B.

Gelbes Haus, ehemaliges Zollhaus, um 1830 erbaut

Großer Gegenstein

Kirche in Radisleben

Badeborn, „Der Hasselborn", das Wahrzeichen des Ortes

Roseburg, kleine Kaskade, Detailansicht

Roseburg, große Kaskade

Kleiner Gegenstein

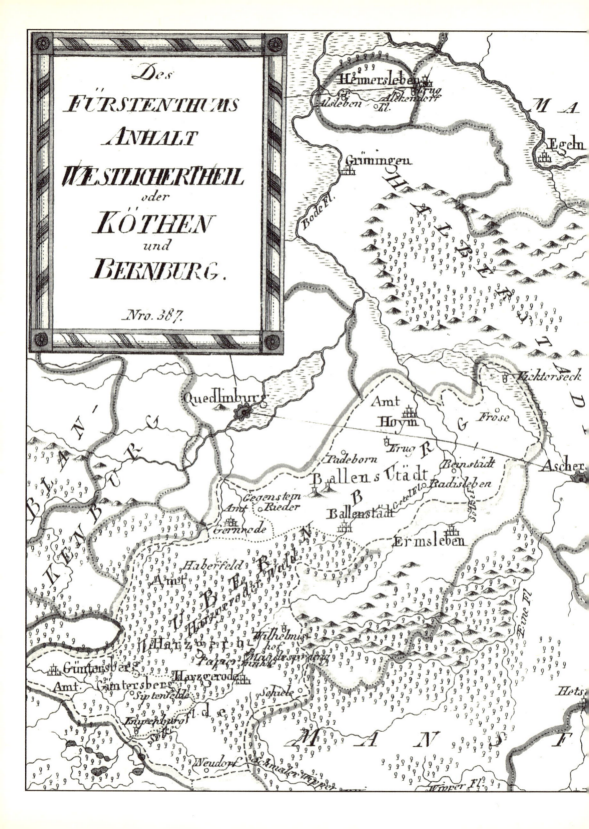